Lesen, Schreiben, Rätseln mit der BilderMaus

Schule

Loewe

Diese Wörter brauchst du für die Übungen:

Schule

Kinder

Schultüte

Schulranzen

Weg

Mädchen

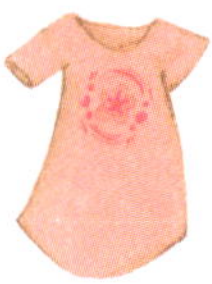
Kleid

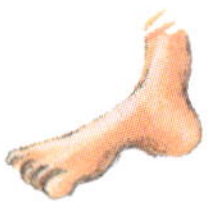
Fuß

Schuhe

Ziege

Junge

Wasserpistole

Hand

Zoo

Tiere

Clown

Fußball

Kopf

Tiger

Giraffen

Tränen

Augen

Elefant

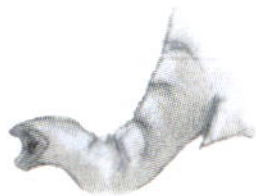

Rüssel

Ellas erster Schultag

Heute fängt die  an! Ella freut sich sehr. „Ob die anderen  nett sind?“, überlegt sie laut. „Bestimmt“, sagt Papa. Dann marschiert Ella stolz mit ihrer tollen roten  und dem neuen  aus dem  .

Der  zur  ist nicht lang.

Auf dem  versammeln sich

die neuen . Ella reckt neugierig

den 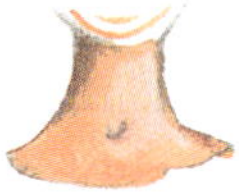. „Aua!“, ruft da jemand.

„Du stehst auf meinem 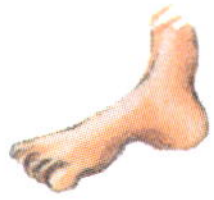!“

Ein  in einem rosa  funkelt

Ella wütend an. Ella geht schnell

einen  zurück. „Mach deine 

auf!“, faucht das . „Jetzt sind

meine neuen 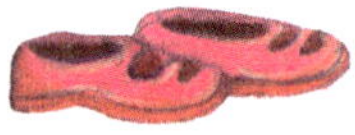 schmutzig!“

Ella schüttelt den . So eine  !

Plötzlich taucht ein  hinter der 

auf. Grinsend zückt er eine .

Will er sie etwa nass spritzen?

„Runter!“, ruft Ella. Die  duckt

sich, das 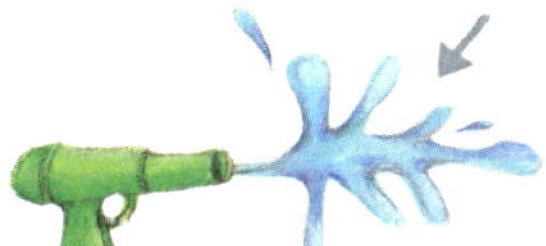 spritzt daneben.

„Hau ab, Benno!“, schimpft die 

und der  rennt lachend davon.

„Das war knapp“, stellt Ella fest.

Die  nickt. „Danke.“ Sie lächelt

zaghaft. „Ich bin Rieke.“ Ella

lächelt zurück. „Und ich Ella.“

Rieke seufzt. „Benno kenne ich

schon aus dem . Er ist

echt nervig!“ Ella kichert. „Hab ich

gemerkt.“

Da klatscht die  in die 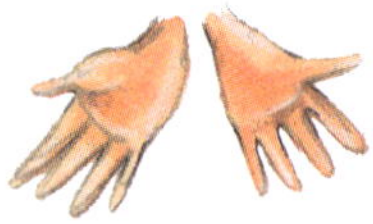.

„Ich heiße Frau Mohn“, sagt sie.

„Alle  mir nach!“ Aufgeregt

betritt Ella die . Ihr  klopft

wie verrückt.

Da nimmt jemand ihre 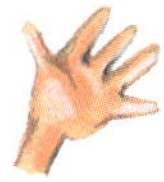. Rieke!

Sie ist auch etwas blass um die .

„Wollen wir nebeneinandersitzen?“,

flüstert sie. Ella nickt. Sie drückt

Riekes 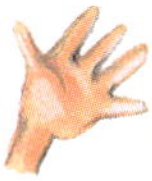. Für eine  ist sie

eigentlich ganz nett!

 Schule

Ella freut sich auf die

 ______________________________ .

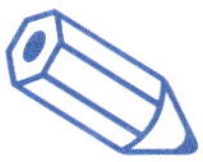

 Kinder

„Hoffentlich sind die anderen

nett!“

Schultüte

Schulranzen

Ella läuft los, mit ihrer

und dem

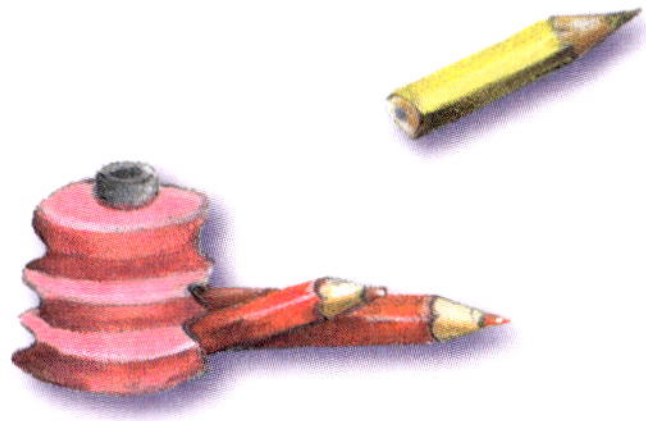

Weg

Schule

Der  ____________________

zur  ____________________

ist nicht lang.

Mädchen

Kleid

Ein  ______________________

in einem rosa

 ______________________

funkelt Ella wütend an.

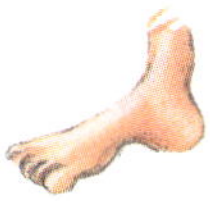 Fuß

 Schuhe

Ella ist ihr auf den

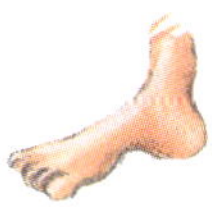 ______

gestiegen und jetzt sind ihre

 ______

schmutzig.

 Mädchen

 Ziege

Das  ______________________

faucht Ella sauer an. „So eine

 ______________________!“,

denkt Ella.

Junge

Wasserpistole

Plötzlich taucht ein

____

mit einer

________________ auf.

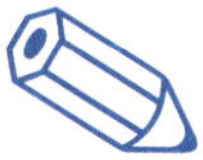

Ziege

Er will die

nass spritzen. Ella kann das

verhindern.

Ziege

Mädchen

Die  ______________________

bedankt sich. Sie heißt Rieke

und ist eigentlich ein nettes

 ______________________ .

 Hand

 Schule

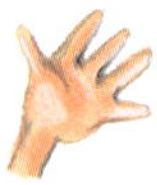 ____________________

in 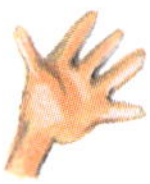 ____________________

gehen Ella und Rieke in die

 ____________________ .

Rieke und der Schulausflug

Heute geht Frau Mohn mit der 
in den . Alle freuen sich auf
die , nur Rieke nicht. Vor ihr
laufen Ella und Benno. Eigentlich
ist Ella mit Rieke befreundet. Aber
neuerdings hängt sie ständig mit
diesem nervigen  herum.

Die beiden quatschen über .

Wie langweilig! Gerade spielt

Benno mal wieder den . Er tut

so, als würde er ein  schießen,

und Ella kichert begeistert.

Da platzt Rieke plötzlich der .

„Ella und Benno, verliebt, verlobt,

verheiratet!“, ruft sie wütend. Die

anderen  lachen. Ella dreht

sich um. Sie ist knallrot im .

„Was soll das?“, zischt sie.

Rieke zuckt mit den . „Wieso, stimmt doch!“ Aber richtig wohl fühlt sie sich nicht dabei. „Wir sind da!“, verkündet die .

Im  gibt es viele .

Sie gehen zu den , 

und . Die  lachen, als

sich ein kleiner  mit seinem 

hinter dem 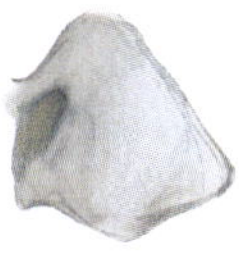 kratzt.

Aber Rieke lacht nicht mit. Sie

würde gern nach  gehen.

Dicke  steigen ihr in die .

Da taucht Benno vor ihr auf.

„Vertrag dich doch wieder mit Ella“,

sagt er zu ihr.

„Warum?“ Rieke runzelt die 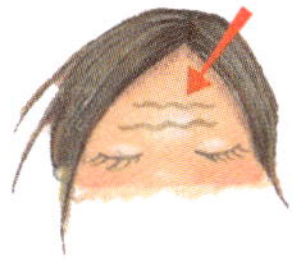.

„Ella macht so ein trauriges ,

seit ihr euch gestritten habt“, erklärt

Benno. „Können wir nicht beide mit

Ella befreundet sein?“

Rieke überlegt, dann nickt sie mit dem  und geht zu Ella hin.

„Entschuldige wegen vorhin. Das war fies von mir.“ Sie streckt die  aus. Ella strahlt und schlägt ein.

„Na also!“ Benno seufzt.

Da spritzt plötzlich der kleine 

die  mit seinem 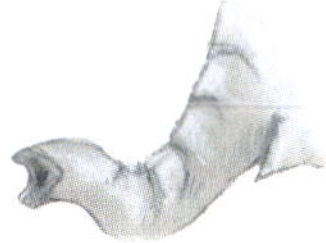 nass.

Ella und Rieke prusten laut los.

Riekes  ist auf einmal ganz

leicht. Zu dritt ist es viel schöner

als allein!

Kinder

Zoo

Heute gehen die

in den

Tiere

Alle freuen sich auf die

 ______________________________ .

Nur Rieke ist traurig.

Clown

Fußball

Sie ist mit Ella befreundet.

Aber Ella redet mit dem

Benno über

 Kinder

 Kopf

Als Rieke Ella ärgert, lachen

die anderen

 ______________________.

Ella bekommt einen roten

 ______________________.

Zoo

Tiere

Im 

____

gibt es viele

 ____________ .

 Tiger

 Giraffen

Die  ______________________

und  ______________________

sind besonders toll.

 Tränen

 Augen

Aber Rieke steigen

 ______________________

in die

 ______________________ .

 Mädchen

Benno will, dass die

 ____________________

sich wieder vertragen.

Rieke entschuldigt sich bei Ella.

Elefant

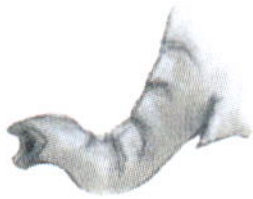

Rüssel

Plötzlich spritzt ein

 ____________________

alle mit seinem

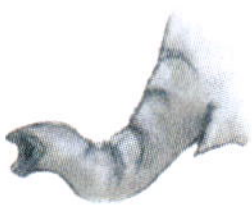 ____________________ nass.

Auf dem Schulhof ist viel los!
Fahre die Spuren nach, um deinen Weg zu finden.

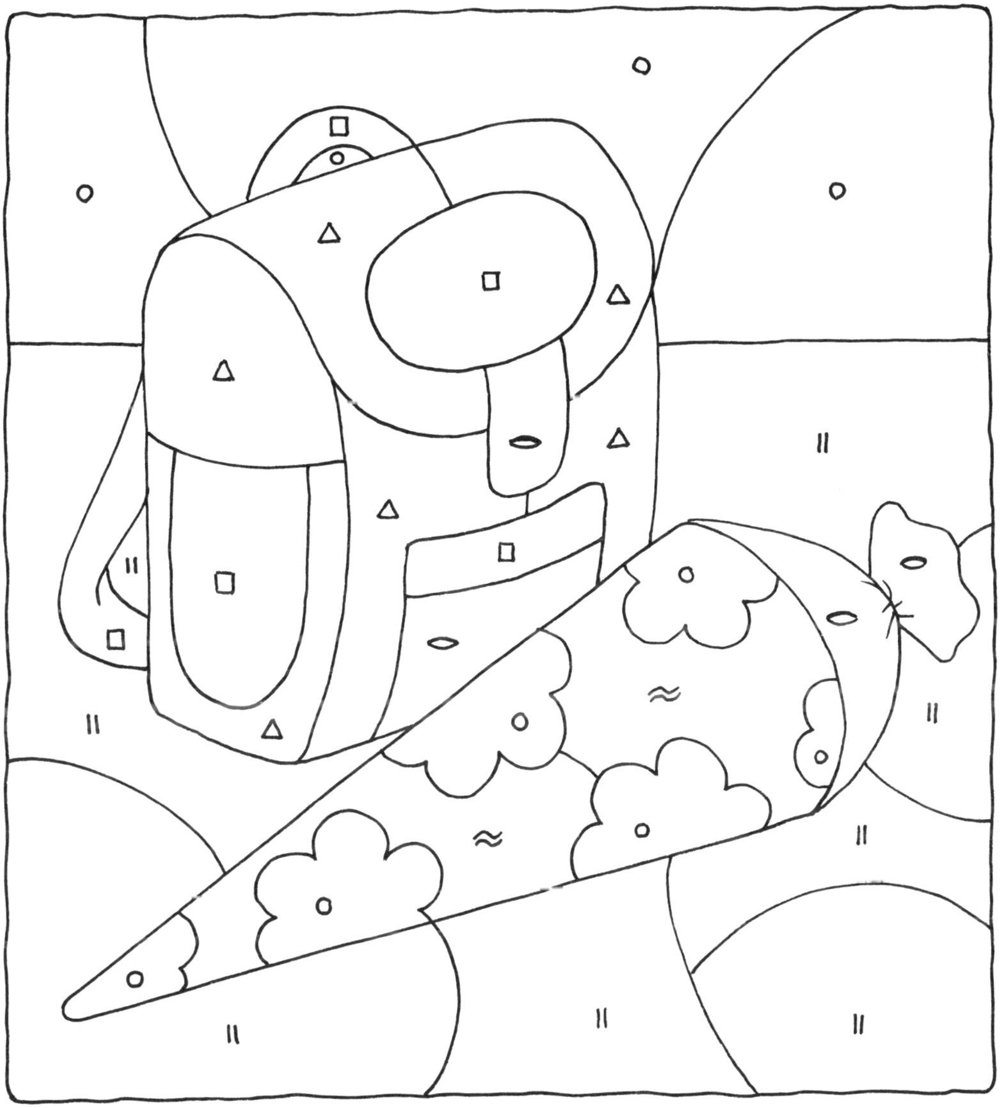

Male die Flächen bunt aus:
○ = gelb, △ = rot, ≈ = dunkelblau,
□ = hellgrün, ⬭ = orange, // = hellblau.
Was siehst du?

Male alle Dinge rot aus, die mit einem B beginnen,
und alle Dinge gelb, die mit einem F anfangen.

Welches Tier besuchen die Kinder im Zoo?
Verbinde die Punkte, dann weißt du es.

Zwei Schultüten sind genau gleich.
Findest du sie? Male sie bunt aus.

Wie kommen die Kinder in die Schule?
Hilf ihnen, den Weg durch das Labyrinth zu finden.

Entdeckst du die Namen von Rieke, Ella und Benno in diesem Durcheinander? Kreise sie ein.

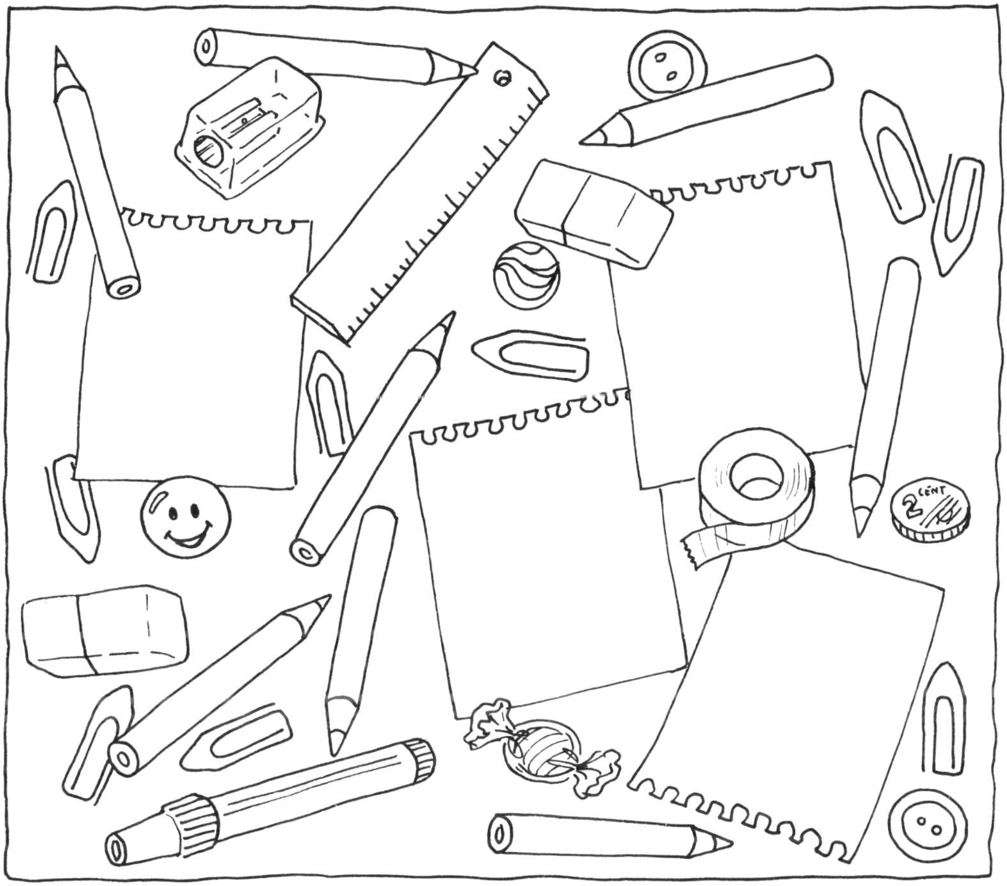

Wie oft sind die verschiedenen Sachen jeweils auf Bennos Tisch zu finden? Zähle sie und schreibe die Zahlen in die dazugehörigen Kästchen. Male die Sachen bunt aus.

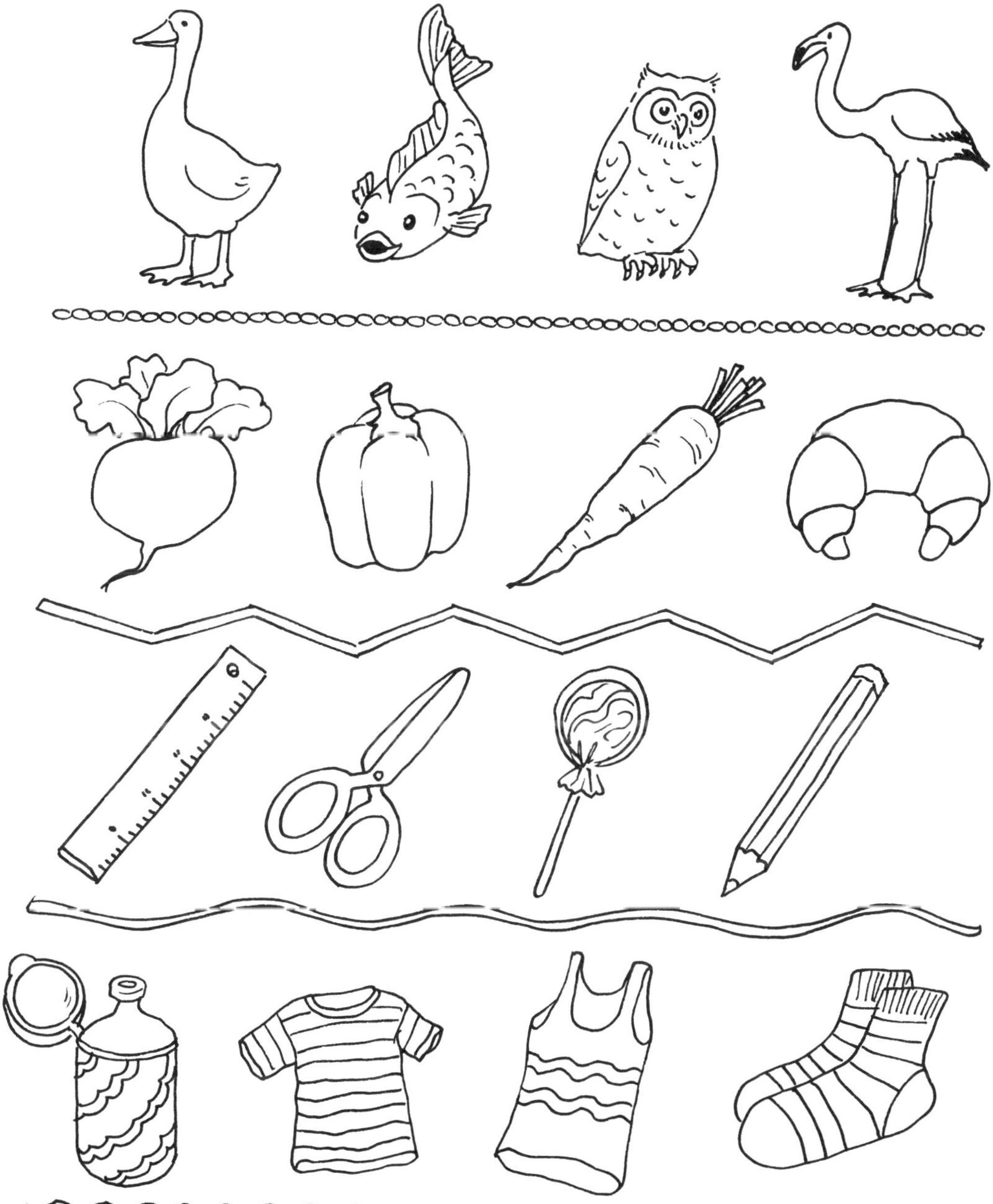

In jeder Reihe passt ein Gegenstand nicht zu den anderen.
Streiche ihn durch.

Die beiden Bilder sind fast gleich. Entdeckst du die sechs Unterschiede? Kreise sie auf dem unteren Bild ein.

Rieke, Benno und Ella holen ihr Frühstück für die Pause aus der Schultasche. Wer hat welches Frühstück dabei? Zeichne die Linien mit verschiedenen Farben nach, dann weißt du es.

Lösungen

Seite 41:

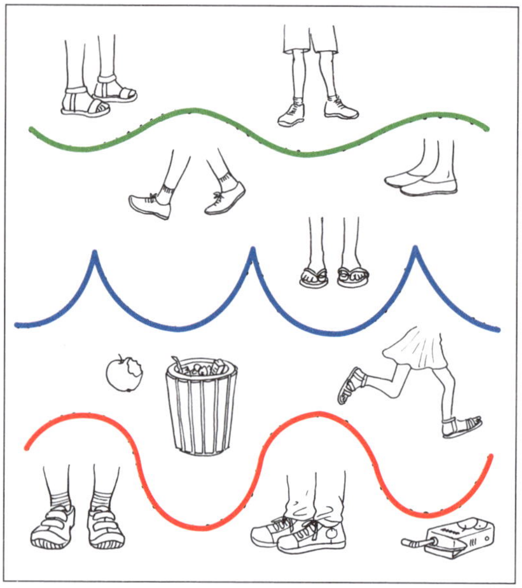

Seite 45:

Seite 43:

Es ist ein Schulranzen und eine Schultüte.

Seite 47:

Die Kinder besuchen einen **Elefanten**.

Seite 49:

Seite 53:

Seite 51:

Seite 55:

Seite 57:

Seite 61:

Seite 59:

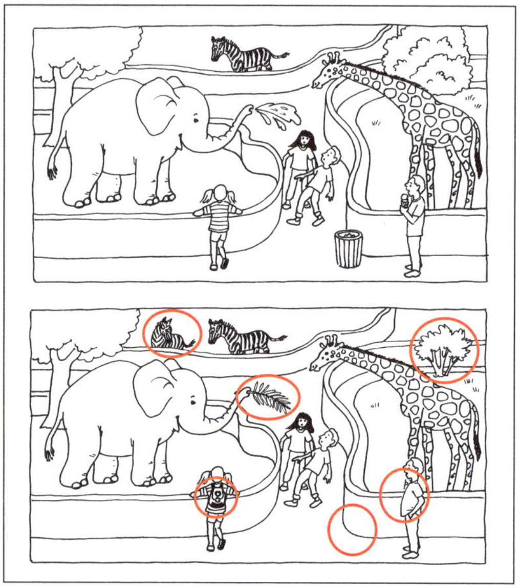